Çok Büyük Faziletleri Olan Salavât-ı Şerifeler

Çok Büyük Faziletleri Olan Salavât-ı Şerifeler

Evlilik Sorunları, Negatif Enerji ve Büyü Gibi
Hayatı Olumsuz Etkileyen Faktörlerden Korunmak
ve Kurtulmak İçin

Derleyen ve Açıklayan:
Şeyh Muhammed Hişam Kabbani

THE INSTITUTE FOR SPIRITUAL AND CULTURAL ADVANCEMENT

© Copyright 2012 Institute for Spiritual and Cultural Advancement.

Bu kitabın basımı ve ciltlenmesi Amerika Birleşik Devletleri'nde yapılmıştır. Kitabın tüm hakları saklıdır. Tanıtım amacıyla, kaynak gösterilmek şartıyla kitaptan kısa alıntılar yapılabilir. Bunun dışında gerek metin, gerek görsel malzeme hiçbir yolla, kitap sahibinin yazılı izin olmadan çoğaltılamaz, yayımlanamaz ve dağıtılamaz.

Baskı ve Dağıtım:

Institute for Spiritual and Cultural Advancement (ISCA)
17195 Silver Parkway, #201
Fenton, MI 48430 USA
Tel: (888) 278-6624
Fax: (810) 815-0518
E-posta: staff@naqshbandi.org
Web: http://www.naqshbandi.org

Birinci Baskı: Eylül 2012
Çok Büyük Faziletleri Olan Salavât-ı Şerifeler (Türkçe)
ISBN: 978-1-930409-92-7

Library of Congress Cataloging-in-Publication Data

Kabbani, Muhammad Hisham.
Islamic devotional compiled by Shaykh Muhammad Hisham Kabbani. --1st ed.
   p. cm. -- (Çok Büyük Faziletleri Olan Salavât-ı Şerifeler)(Turkish)
Spiritual discourses of Shaykh Muhammad Hisham Kabbani. --1st ed.
   p. cm. -- (To remove black magic, marital problems and negative energy from your life)
ISBN: 978-1-930409-92-7 (alk. paper)
1. Naqshbandiyyah. 2. Sufism. I. Title.
  BP189.7.N352K327 2012
  297.4'8--dc22
   2010044186

PRINTED IN THE UNITED STATES OF AMERICA
15 14 13 12 11   05 06 07 08 09

Tanınmış İslam âlimi Şeyh Muhammed Hişam Kabbani, Nakşibendi-Hakkani Tarikatı'nın cihanşümul lideri olan Şeyh Muhammed Nazım Adil el-Hakkani'nin ق halifesidir. Fıkıh ilmini öğretme ve aslı Peygamber Efendimiz'e ﷺ dayanan, İslam'ın manevi boyutu olan tasavvuf dairesinde danışmanlık yapma konularında icazet sahibidir.

Tasavvuf hakkında bilgi edinmek ve Şeyh Kabbani'nin otuz yıldır devlet başkanları, dış politika danışmanları, bakanlar, yazılı ve sözlü basın, farklı din mensubu liderler ve kurumlar ile yaptığı görüşmeler hakkında bilgi edinmek için aşağıdaki siteleri ziyaret edebilirsiniz:

www.islamicsupremecouncil.org   www.eShaykh.com
www.Sufilive.com   sufismcentre.co.uk

إِنَّ اللَّهَ وَمَلَائِكَتَهُ يُصَلُّونَ عَلَى النَّبِيِّ
يَا أَيُّهَا الَّذِينَ آمَنُوا صَلُّوا عَلَيْهِ وَسَلِّمُوا تَسْلِيمًا

İnnallâhe ve melâiketehu yuşallûne 'alen-nebiyy.
Yâ eyyuhellezîne âmenû şallû 'aleyhi ve sellimû teslîmâ.

Şüphesiz Allah ve melekleri Peygamber'e salat ediyorlar. Ey iman edenler! Siz de ona salat edin, selam edin.

(Ahzâb Suresi 33/56)

İçindekiler

İthaf 1
Şeyh Nazım el-Hakkani'den Önsöz 3
Sunuş 5
Giriş 7
Kısaltmalar / Transliterasyon 9
فضائل الصلاة علي النبي 11
Peygamber Efendimiz'e Salavat Getirmenin Fazileti 13
Salavat Kişiyi On Yedi Kötü Özellikten Kurtarır 15
Bu Kitaptaki Salavatları Okuma Usulü 17
Günlük Okunacak Salavatlar 19
1) Salavât-ı Nûrâniyye / Salavâtü'l-Bedevî el-Kübrâ 21
2) Salavât-ı Fâti 22
3) Salâten Tüncina / Salât-ı Münciye 22
4) Salât el-Âli'l-Kadr (Klostrofobi için) 23
5) Et-Tahîyyâtu Duâsındaki Salavat 23
6) Cevheretü'l-Kemâl 24
7) Salavât-ı Ûli'l-Âzam 25
8) Büyükşeyh Abdullah Dağıstani'nin Salavatı 25
9) Salavât el-İskenderî 26
10) Yüz Salavata Denk Salavat/Salavât-ı Mîzânul Ardu 's-Semavât 27
11) Yüzbin Salavata Denk Salavat 27
12) Es-Salât el-Kâmil, Efendimize En Mükemmel Duâ 27
13) Salavât-ı Kemâliye 28
14) Salavâtü's-Sa`âde, Mutluluk Duâsı 28
15) Seyyid es-Salavât 29
16) Salât-ı Zâtîyye 30
17) Günahların Affı İçin / El-İskenderî Salavatının Başka Versiyonu 31
18) Hazreti Ali'nin Salavatı 31

Cuma Günü Okunacak Salavatlar 33
1) Salât el-Âli'l-Kadr (Klostrofobi için) 35
2) Hazreti Ali'nin Salavatı 35
3) Rüyada Rabbini Görmek İçin 36

Belirli Faydalar İçin Okunacak Salavatlar 37
1) Peygamber Efendimizi Rüyada Görmek İçin 39
2) Efendimizi Rüyada Görmek ve Sayısız İkramlara Ulaşmak İçin 39
3) Bütün Hastalıklara Şifa Olan Salavat 40
4) Sorgusuz Sualsiz Cennete Girmek İçin (İmam Şâfi'nin Salavatı) 40

İthaf

Bu kitapçık, evvela Peygamber Efendimiz ﷺ aşkına, saniyen, Efendimiz'i ﷺ ve ashabını ؓ her daim anan tüm *Ehl-i Sünnet ve'l-Cemaat*'e en derin saygılarımızla ithaftır.

Bu çalışma aynı zamanda, Nakşibendi Tarikatı Altın Silsilesi'ndeki şeyhlere, bilhassa Şeyh Muhammed Nazım Adil el-Hakkani Hazretleri ق ve onun müridlerine, tüm diğer muhterem tarikat şeyhlerine ve onların müridlerine ithaf olunur.

Yüce Allah bu mütevazı çalışmadan kazanılacak sevaplara onları da nail eylesin.

Şeyh Nazım el-Hakkani'den Önsöz

Bütün hamdüsena Kadir-i Mutlak Allah'a mahsustur. O ki, kâinatı mutlak yokluktan yaratmış, tüm mevcudatı var etmiş, varlıkları kendi nuru ile aydınlatıp kendi isim ve sıfatları ile tezyin etmiş ve onları kendi hakikatinin aynasında yansıtmaktadır. Yüce Allah seçkin kullarına nurunun ihtişamını seyretme şerefini bahşetmiş ve onları üstün bir makama yükselterek kalıcı Huzuru'nu onlara izhar eylemiştir.

Allah'a hamd olsun ki, O, ilahî aşkını cezbe ehlinin üzerine saçmış, onları rızası ve hoşnutluğu ile donatmış, ve Zatı'na giden en mümtaz yolun saliklerini övmüştür. O, dilediği kulunu kaynaklar kaynağı, hakikatler hakikati ve nurlar nuru olan ilahî Huzuru'na kabul eder ve o kulun Kelimeleri'nin mevcudiyetinden feyizlenmesine izin verir. Allah'a hamd olsun ve bu hamd vesilesiyle Yüce Rabbim'den niyazım, bizlere ilahî iyiliğinin kapılarını açması ve O'na olan şükranlarımızın *Esmâ-i Hüsnâ*'nın güllerinin rayihası ile bezenmesidir.

Şehadet ederim ki, tek kulluk edilecek ve yegâne iyilik kaynağı O'dur. Şehadet ederim ki, O'nun resulü, bizim de destekçimiz olan Hz. Muhammed ﷺ O'nun hakiki ve sadık kuludur. Yüce Allah onu ilahî Zatı'nın kalbi olarak seçmiştir. Allah'ın rahmeti habibi olan Muhammed'e ﷺ, onun seçkin ailesi ve ashabına ﷺ, onun izinden yürüyenlere, Nakşibendiyye ve diğer tarikatlardan olan tüm evliya ve şeyhlerin üzerine olsun.

Allah'ın rahmeti ve selamı ilahî Huzur'un gayb nurundan bir güneş olan, aynı zamanda zuhuru güneşin ışığını gölgede bırakan sevgili Peygamber Efendimiz'in ﷺ üzerine olsun. O ki, kendine geleni aktardı, keşfettikçe tasvir etti. Onun nuruyla peygamberlik nuru ışıdı ve böylece peygamberlerin nurları belirdi. Onun nurundan daha parlağını bulamazsın. Kim tüm âlemi aydınlatan Işık'tan daha parlak olabilir ki? Onun iştiyakı bütün iştiyaklardan önce gelir. Onun varlığı mutlak yokluktan, ismi ise Kalem'den evvel idi zira, o her şeyden önce var idi. O, kâinatın efendisidir.

Onun adı Muhammed'dir ﷺ. O eşsizdir. Onun sözü desteklenmiş, sıfatları ise pek şereflidir. Ey İnsanoğlu! Onun suretine, zuhuratlarına, büyüklüğüne, şanına, nuruna, saflığına, takvasına, gücüne, hakikatine ve zatına hayran ol. O, ezelden ebede var olan ve varlığı devam edecek olandır. O, âlemlerin ve mevcudatın evvelinde bilinmekteydi. O Allah'ın ilahî Huzuru'nda, onun vasıtasıyla izhar olan "Zat'ın Kalbi" olarak bilinmişti.

O, ezelden beri Rabbi'ne sadık bir kuldu. Kendisi "evvel"den önce anılmış, "ahir"den sonra da anılacaktır. O, tüm alametlerin alameti, mücevherlerin incisi ve bütün renklerin gökkuşağıdır. O, Kadir-i Mutlak olan Allah'a bağlıdır. O bağ ne şimdi kopuktur ne de kopması mümkündür.

Bütün ilimler onun deryasında bir katredir. Tüm asırlar onun zaman diliminde bir andır. O haktır ve varlığın hakikatidir. O, yakınlıkta ilk, peygamberlikte sonuncudur.

O hakta bâtın, ilimde zahirdir.

Yüce Allah onu, kendi nurundan olan vekili ve yarattıkları için sadık bir kul olarak gönderdi. Onu ilahî Huzuru'na yükseltip, ismini kendi isminin yanına koydu. O, daha Âdem ﷺ su ve toprak arasında iken peygamber idi.

Salat ve selam, onun amellerindeki yücelik, konuşmasındaki fesahat, varlığındaki nur ve dininin kemali ile hidayet bulan ailesi ve ashabınaﷺ olsun. Onlar ki, Allah Resulü'nün ﷺ edep, güzel ahlak ve mükemmel hal deryalarından içmiş, ilim ve hakikate erişmede onun sırlarının pınarında yıkanmışlardır.

Bu kitapçık, okurlarını sevgili Peygamber Efendimiz'e ﷺ her daim bağlayan bir kaynak olsun. Onlara sonsuz bereketler açsın, kalplerini pak etsin, onları yüklerinden azade kılsın ve şeytanın hayatları üzerindeki tasallutunu bertaraf eylesin.

Salavat getirmenin fazileti ve sırları hakkında daha kapsamlı bilgi edinmek için www.Sufilive.com sayfasını ziyaret ediniz. Burada Şeyh Nazım'ın ق öğretilerine dayalı yirmiyi aşkın sohbet videosu ve bunların transkripsiyonunu "The Greatness of Salawat on Prophet (Peygambere Salavat Getirmenin Yüceliği)" adlı bölümde bulabilirsiniz.[1] Bu kitapçıktaki salavatların yazdırılabilir dosyalarını ve ses kayıtlarını yüklemek için www.sufilive.com/salawat/sayfasını ziyaret edebilirsiniz.

---

[1]http://sufilive.com/The_Greatness_of_Salawat_on_Prophet_s_-166-s.html

Sunuş

Bu özel salavatları bir araya getirmedeki temel amaç, Yüce Allah'ın sevgilisi Hz. Muhammed'e ﷺ bahşetmiş olduğu azameti göstermektir. Diğer bir amacımız ise, dünyanın dört bir yanındaki kadim Müslüman alimlerin ve evliyanın dilindeki incelik ve zarafeti gözler önüne sermektir. Zira, günümüze ait bu tarz derlemeler saydığımız özelliklerden yoksundur.

Kuzey ve Güney Afrika'dan, Hint Yarımadası'ndan, Arap ülkelerinden, Uzak Doğu'ya ve Batı'ya kadar günümüze ulaşan, maneviyat devlerinin derlediği, habibini övmek suretiyle Rableri'ne sundukları bu niyazlar, en ulvi aşkın özünü ifade etmede eşsizdir.

Çok az istisna dışında, dünyaca bilinen ve hürmet gören *Kaṣîdetü'l Bürde*, *Kaṣîdetü'l Muḍariyye*[2] ve *Delâilü'l-Ḥayrât*[3] gibi böylesi kıymetli ve etrafına ışık saçan mensur eserlerin bir benzerini görmedik.

Yüce Allah —geçmişte yarattığı, şu an yaratmakta olduğu ve gelecekte yaratacağı— tüm meleklere Hz. Peygamber'e ﷺ devamlı olarak salavat getirmelerini emretmiştir.[4] Onların Hz. Peygamber'e ﷺ övgüleri yalnızca bir kereye mahsus değildir. Onlar Peygamber'e ﷺ yaratılmalarından itibaren her an durmaksızın salavat getirirler ve bu Kıyamet Günü'ne kadar devam edecektir.

Yüce Allah'ın Peygamber Efendimiz'in ﷺ üzerinde gösterdiği azamet, her bir meleğin getirdiği, tekrarı mümkün olmayan benzersiz salavatta bulunmaktadır. Sayısız melek durmaksızın sonsuz salavat getirmektedir ki, bu salavatların ne bugüne kadar bir eşi vardır ne de bundan sonra olacaktır. Getirdikleri ikinci salavat birincisinden, dördüncüsü üçüncüsünden farklıdır; zira bu salavatların her biri aslında onlara ilahî bir tecelli olarak gelir.

Bunun mübalağa olduğu asla düşünülmemelidir; çünkü, Yüce Allah'ın azameti bunun da ötesindedir ve O, bundan daha fazlasını yapmaya kadirdir.

---

[2] Kasidelerin her ikisi de Şâzeli Şeyhi İmam Muhammed el-Bûsîrî tarafından yazılmıştır (ö. 1294), Mısırlı (aslen Fas kökenli).
[3] İmam Muhammed Süleyman el-Cezûlî, Fas (ö. 1465).
[4] Ahzâb Suresi 33/56.

Giriş

Hazreti Muhammed'e ﷺ yapılan övgülü dua olarak bilinen salavat, bütün müminler için ilahî bir emirdir (Ahzâb Suresi 33/56). İnsanlığın yaratıldığı andan beri getirilmekte olan salavat, yüce manevi makamlara ulaşmada, Yüce Allah'a ve O'nun Sevgili Peygamberi'ne ﷺ yaklaşmada vasıtadır.

Salavat kalbin cilasıdır. Salavat dünyaya dalmaktan dolayı paslanan kalbi cilalar. Böylece kalp ilahî sıfatları yansıtır. Sürekli salavat getirmek ahlakı güzelleştirir, kişideki iyi arzuları artırır, kötü ahlak ve arzuları bertaraf eder.

Bu kitapçık, kişinin manevi gelişimini hızlandırması ile bilinen salavatların bir derlemesidir. Buradaki salavatların sıhhati başta Peygamber Efendimiz ﷺ olmak üzere, bin beş yüz yıllık İslam tarihi boyunca gelmiş geçmiş pek çok ünlü İslam alimi ve mutasavvıf tarafından tasdîk edilmiştir.

Bir kimse Hz. Peygamber'e ﷺ salavat getirdiğinde Yüce Allah o salavatın hürmetine, bu âlemdeki tüm kulluk edenlere Peygamber Efendimiz'in ﷺ, ashabının ﷺ ve tüm veli kullarının ibadetlerinden bir pay versin. Bu salavatları okuyabilirsek, Allah'a hamd olsun; okuyamazsak şöyle demeliyiz: "Ey Rabbim! Peygamber Efendimiz'e ﷺ getirilen tüm salavatlardan hasıl olan sevaplara bizleri de nail eyle." Bu, manevi terakkinin en kısa yoludur. Yüce Allah Kur'an-ı Kerim'de "Bana dua edin ki duanıza icabet edeyim," buyuruyor (Mü'min Suresi 40/60). Biz de bu nedenle Rabbimiz'e, "Ey Allahım! masumlar hürmetine, tüm peygamberlerinin, bilhassa Hz. Muhammed'in ﷺ ibadetlerinden hasıl olan sevaplardan bizlere de bir pay ver" diye niyaz ederiz.

Büyük Şeyh Abdullah Dağıstani'nin ق bize öğrettiği üzere, bu salavatların hepsini okuyamazsanız şöyle dua edin: "*Yâ Rabbî, neveynâ mi<u>s</u>le mâ nevâ Mevlânâ Şey<u>h</u>* /Ey Rabbim! Şeyh Efendimiz nasıl niyet ettiyse biz de öyle niyet ediyoruz." Böylece ona yazılan sevapların aynısı size de yazılır; çünkü bu salavatların hepsini birden okumak çok zordur. Bu ise en kolayı olan evliyanın yoludur.

Efendimiz Şeyh Nazım ق da Büyük Şeyh Abdullah Dağıstani ق gibi Peygamber Efendimiz'e ﷺ ve bu mütevazı kitapçıkta adı geçen tüm âlim ve evliyaya çok büyük hürmet göstermişler, bizlere de bunu öğretmişlerdir. İsteriz ki, niyetimiz onlarınkinin aynı olsun ve himmetleri üzerimizden eksik olmasın; çünkü bizler zayıf, çaresiz ve noksanız. Hiçbir şeye kendi kendimize güç yetiremeyiz. Tüm hayatımız boyunca bir şey başarmaya çalışsak da gayretimiz en fazla bir karıncanınki kadar olabilir. Sanmayasın ki, amelin seni kurtaracak. Ancak onların himmetleri ve şefaatleri bizleri selamete erdirebilir.

Bu vesileyle, Peygamber Efendimiz'in ﷺ ve Büyük Şeyh Abdullah Dağıstani'nin ق şefaat ve himmetlerini niyaz ediyor, dünyada ve ahirette onlarla beraber olmayı diliyoruz. Onlar bizimle beraber olabilir ancak, bizim onlarla beraber olabilmemiz onların kapıyı açıp bizi içeri almalarıyla olur. O âleme kendi kendine giremezsin.

Şeyh Muhammed Hişam Kabbani
Eylül 2012

Kısaltmalar / Transliterasyon

Kitapçıkta kullandığımız Arapça ifadelerin anlamları aşağıdaki gibidir:

ﷺ *Şallallâhu 'aleyhi ve sellem:* Allah'ın selamı ve bereketi üzerine olsun. Peygamber Efendimiz Hz. Muhammed'in mübarek isminden sonra söylenir.

علیه السلام *'Aleyhi's-selâm:* selam onun üzerine olsun. Peygamberlerin, Hz. Muhammed'in akrabalarının, onun pak zevcelerinin ve meleklerin mübarek isimlerinden sonra söylenir.

رضي *Radıyallâhu anhu/anhâ:* Allah ondan [erkek/kadın] razı olsun. Hazreti Muhammed'in Sahabeleri'nin isimlerinden sonra söylenir.

ق *Ḳaddesallâhu sırreh:* Allah onun sırrını takdis eylesin. Evliyanın isimlerinden sonra söylenir.

Okuyucuya kolaylık sağlamak amacıyla, her bir salavatın Arapçası'nın altında günümüz Türkçesi'ndeki yazılışına (transliterasyon) da yer verdik. Bunun dışında Türkçe'ye Arapça'dan gelmiş olduğu halde sıklıkla kullanılan kelimeleri Türk Dil Kurumu'nun yazım kurallarına uyacak şekilde kullandık. Transliterasyonda kullanılan Arapça harflerin karşılıkları aşağıdaki gibidir:

ا	e	د	d	ط	ṭ	م	m
آ	ā, â	ذ	ẓ	ظ	ẓ	ن	n
ب	b	ر	r	ع	' (ayn)	ه	h
ت	t	ز	z	غ	ġ	و	v
ث	s̱	س	s	ف	f	ي	y
ج	c	ش	ş	ق	ḳ	ء	' (hemze)
ح	ḥ	ص	ş	ك	k		
خ	ḫ	ض	ḍ	ل	l		

فضائل الصلاة على النبي

نقل الإمام الشعراني في كتاب حدائق الأنوار في الصلاة والسلام على النبي المختار، في الثمرات التي يجتنيها العبد بالصلاة على رسول الإسلام محمد والفوائد التي يكتسبها ويقتنيها:

1. امتثال أمر الله بالصلاة عليه.
2. موافقته سبحانه وتعالى في الصلاة عليه.
3. موافقة الملائكة في الصلاة عليه.
4. حصول عشر صلوات من الله تعالى.
5. أن يرفع له عشر درجات.
6. يكتب له عشر حسنات.
7. يمحى عنه عشر سيئات.
8. ترجى إجابة دعوته.
9. أنها سبب لشفاعته صلى الله عليه وسلم.
10. أنها سبب لغفران الذنوب وستر العيوب.
11. أنها سبب لكفاية العبد ما أهمه.
12. أنها سبب لقرب العبد منه صلى الله عليه وسلم.
13. أنها تقوم مقام الصدقة.
14. أنها سبب لقضاء الحوائج.
15. أنها سبب لصلاة الله وملائكته على المصلي.
16. أنها سبب زكاة المصلي والطهارة له.
17. أنها سبب لتبشير العبد بالجنة قبل موته.
18. أنها سبب للنجاة من أهوال يوم القيامة.
19. أنها سبب لردّه صلى الله عليه وسلم على المصلي عليه.
20. أنها سبب لتذكر ما نسيه المصلي عليه صلى الله عليه وسلم.
21. أنها سبب لطيب المجلس وأن لا يعود على أهله حسرة يوم القيامة.

22. أنها سبب لنفي الفقر عن المصلي عليه صلى الله عليه وسلم.
23. أنها تنفي عن العبد اسم البخل إذا صلى عليه عند ذكره صلى الله عليه وسلم.
24. نجاته من دعائه عليه برغم أنفه إذا تركها عند ذكره صلى الله عليه وسلم.
25. أنها تأتي بصاحبها على طريق الجنة وتخطئ بتاركها عن طريقها.
26. أنها تنجي من نتن المجلس الذي لا ذكر فيه اسم الله ورسوله صلى الله عليه وسلم.
27. أنها سبب لتمام الكلام الذي ابتدئ بحمد الله والصلاة على رسوله صلى الله عليه وسلم.
28. أنها سبب لفوز العبد بالجواز على الصراط.
29. أنه يخرج العبد عن الجفاء بالصلاة عليه صلى الله عليه وسلم.
30. أنها سبب لإلقاء الله تعالى الثناء الحسن على المصلي عليه صلى الله عليه وسلم بين السماء والأرض.
31. أنها سبب رحمة الله عز وجل.
32. أنها سبب البركة.
33. أنها سبب لدوام محبته صلى الله عليه وسلم وزيادتها وتضاعفها وذلك من عقود الإيمان لا يتم إلا به.
34. أنها سبب لمحبة الرسول صلى الله عليه وسلم للمصلي عليه صلى الله عليه وسلم.
35. أنها سبب لهداية العبد وحياة قلبه.
36. أنها سبب لعرض المصلي عليه صلى الله عليه وسلم وذكره عنده صلى الله عليه وسلم.
37. أنها سبب لتثبيت القدم يعني على الصراط.
38. تأدية الصلاة عليه لأقل القليل من حقه صلى الله عليه وسلم وشكر نعمة الله التي أنعم بها علينا.
39. أنها متضمنة لذكر الله وشكره ومعرفة إحسانه.
40. أن الصلاة عليه صلى الله عليه وسلم من العبد دعاء وسؤال من ربه عز وجل فتارة يدعو لنبيه صلى الله عليه وسلم وتارة لنفسه ولا يخفى ما في هذا من المزية للعبد.
41. من أعظم الثمرات وأجل الفوائد المكتسبات بالصلاة عليه صلى الله عليه وسلم انطباع صورته الكريمة في النفس.
42. أن الإكثار من الصلاة عليه صلى الله عليه وسلم يقوم مقام الشيخ المربي.

Peygamber Efendimiz'e Salavat Getirmenin Fazileti

İmam Şa'rânî ☸ Peygamber Efendimiz'e ☸ salavat getirmenin kişiye kazandırdığı faydalardan bazılarını *Seçilmiş Nebi'ye Salat ve Selamdan Hasıl Olan Nur Bahçeleri* adlı kitabında şöyle sıralamıştır:

1. Allah Resulü'ne salavat getirmekle Yüce Allah'ın emrine itaat etmiş oluruz.
2. Ona salavat getirmekle Yüce Allah'ın yaptığının aynısını yapmış oluruz.
3. Ona salavat getirmekle meleklerin yaptıklarının aynısını yapmış oluruz.
4. Getirdiğimiz her bir salavat karşılığında Yüce Allah'tan on salavat alırız.
5. Derecemiz on kat yükseltilir.
6. (Amel defterimize) on sevap yazılır.
7. (Amel defterimizden) on günah silinir.
8. Salavat getiren kimsenin duası kabul edilir.
9. Salavat, Efendimiz Muhammed'in ☸ şefaatine nail olmaya vesiledir.
10. Salavat, günahların bağışlanması, kusurların örtülmesine vesiledir.
11. Salavat, kişinin üzerinden sıkıntıyı def eder.
12. Salavat, Efendimiz Muhammed'e ☸ yaklaştırır.
13. Salavat, sadakaya denkir.
14. Salavat, hacetlerin gerçekleşmesine vesile olur.
15. Salavat, meleklerin üzerimize salat göndermelerine vesile olur.
16. Salavat, kişinin kendisini arındırmasına ve temizlemesine vesile olur.
17. Salavat, kişinin ölmeden önce cennetle müjdelenmesine vesile olur.
18. Salavat, Kıyamet Günü'nün sorgusundan kurtulmaya vesiledir.
19. Salavat, Peygamber Efendimiz'in ☸ selamına nail olmaya vesiledir.
20. Salavat, unutulan bir şeyin hatırlanmasını sağlar.
21. Salavat, bir meclisin güzel kokmasına ve o meclise katılanların Kıyamet Günü'nde gam ve kederden emin olmasına vesile olur.
22. Salavat, kendisine devam edeni fakirlikten kurtarır.
23. Salavat getiren kimse artık cimri olarak anılmaz (çünkü ancak cimriler Peygamberimiz'in ☸ ismini duydukları halde salavat getirmezler).
24. Salavat getiren kişi, Peygamberimiz'in ☸ ismi anıldığı halde salavat getirmeyen kimsenin üzerine inecek lanetten korunur.
25. Salavat, kişiyi cennete götürür; onu terk edip bırakan kimseyi de cennetin yolundan alıkoyar.

26. Salavat, Yüce Allah ve Resulü'nün ﷺ isminin anılmadığı bir topluluktan çıkan pis kokunun (dayanılmaz ağırlığından) korur.
27. Salavat, söze Allah ve Resulü'nü ﷺ övmekle başlayan kişinin sözlerinin tamamını kusursuz kılar.
28. Salavat, Sırat Köprüsü'nün üzerinden geçmeyi kolaylaştırır.
29. Salavat, Allah rızasını kazanmaya vesile olur.
30. Yüce Allah, salavat getirenin üzerine yer ve gökler arasındaki muazzam övgüyü saçar.
31. Salavat, Allah'ın merhametini celbeder.
32. Salavat, berekete sebeptir.
33. Salavat, kişinin imanından kaynaklanan Peygamber sevgisinin devamlı olmasına ve giderek çoğalmasına vesiledir.
34. Salavat, Peygamber Efendimiz'in ﷺ sevgisine mazhar olmaya vesiledir.
35. Salavat, kişinin hidayete ermesine ve kalbinin yeşermesine vesiledir.
36. Salavat, kişinin Peygamber Efendimiz'in ﷺ huzuruna çıkartılıp isminin onun huzurunda anılmasına vesile olur.
37. Salavat, kişinin istikamet üzere sabit olmasına vesile olur.
38. Salavat getirmek Peygamber Efendimiz'in ﷺ hakkını vermeye yetmez; ancak, ona olan minnettarlığımızın bir göstergesidir.
39. Salavatın içinde Allah'ın zikri, şükrü ve nimetini takdir vardır.
40. Salavat, kulun Rabbi'ne olan bir niyazıdır ki, kişi onunla Allah'ın Resulü ﷺ için ister. Bazen de onunla kendisi için talepte bulunur. Bu, Allah indinde bir kulun sahip olabileceği en sevilen özelliktir.
41. Salavat getirmenin kişiye sağladığı en muazzam kazanç ve faydaların en büyüğü Hz. Muhammed'in ﷺ izzetli suretinin o kişinin içine nakşolmasıdır.
42. Peygamber Efendimiz'e ﷺ çokça salavat getirmek, insanı Allah yolunda eğiten ve yetiştiren bir şeyhe tabi olmak gibidir.

Salavat Kişiyi On Yedi Kötü Özellikten Kurtarır

Tasavvuf yolunun büyüklerinden Ebü'l-Hasen el-Harkānî'nin[5] ق öğrettiği üzere, bir kimsenin *Tezkiyetü'n-Nefs* (Nefsin Temizlenmesi) makamına erişebilmesinin ilk adımı zalim nefsin onyedi kötü özelliğinden kurtulmasıdır. Bu özellikler aşağıda sıralanmıştır.[7] Getirilen her salavat bu kurtulma sürecini hızlandırır.

On Yedi Kötü Huy ve Davranış

1. Öfke (*ġaḍab*)
2. Dünya sevgisi (*ḥubbu'd-dünyâ*)
3. Kin, nefret (*ḥıḳd*)
4. Kıskançlık, haset (*ḥased*)
5. Kendini beğenmişlik (*'ucb*)
6. Cimrilik (*buḫl*)
7. Açgözlülük, tamahkârlık (*ṭama'*)
8. Korkaklık (*cübn*)
9. Tembellik, avarelik (*baṭāle*)
10. Kibir, gurur (*kibr*)
11. Riya, gösteriş (*riyā'*)
12. Hırs (*ḥırṣ*)
13. Büyüklenme (*'aẓame*)
14. Ahmaklık, düşüncesizlik (*ġabāve*)
15. Uyuşukluk (*kesāle*)
16. Aşırı endişe, kaygı (*hemm*)
17. Depresyon (*ġamm*)

Salavat, rızkın çoğalmasını, müşkülatın giderilmesini, sürekli ağlayan ve zorluk çıkaran çocukların sakinleşmesini sağlar; kişiyi sözde hak iddia edenlerden, yangından, boğulmaktan, kaçırılmaktan, hırsızlıktan ve yüksek ateşten korur; kazançların güvende olmasını sağlar; suda ve karada yolculuğu emniyetli kılar ve zekâyı geliştirir.

---

[5] İranlı (ö. 1033). Ünlü İranlı şair ve mutasavvıf Feridüddin Attâr, onu "Mutasavvıfların Şahı" diye tasvir etmiştir. Zamanının büyük şair ve düşünürleri tarafından büyük sevgi ve hürmetle anılmıştır.
[7] *The Sufi Science of Self-Realization, A Guide to the Seventeen Ruinous Traits, the Ten Steps to Discipleship, and the Six Realities of the Heart* adlı kitaptan alıntı. Kabbani, Şeyh Muhammed Hişam, 2005. (Louisville, Fons Vitae, 2006), vii.

Bu Kitaptaki Salavatları Okuma Usulü

Büyük Şeyh Abdullah Dağıstani ق sık sık şunu söylerdi: "Kerametlerin en güzeli (ibadetlerde) devamlılıktır." Devamlı ve düzenli olarak yapılacak ibadet, az dahi olsa, bir müddet sonra terk edeceğin çok ibadetten daha hayırlıdır.

Günlük salavat okuma alışkanlığının elde edilebilmesi için başlangıçta her gün bu kitapta yer alan salavatlardan bir tanesini belirtilen sayıda okuyun. Örneğin, ilk gün Salavat-ı Nûrâniyye'yi okuyun. İkinci gün Salavat-ı Fâtih'e devam edin, vesaire. Böylelikle, hem her gün salavat okumanın kazandıracağı faydalardan istifade edecek, hem de bu kıymetli ameli terk etmediğiniz için salavat okuma kapasiteniz gün geçtikçe artacaktır.

Günlük Okunacak Salavatlar

1. Salavât-ı Nûrâniyye / Salavâtü'l-Bedevî el-Kübrâ,
   İmam Ahmed el-Bedevî'nin Duâsı
2. Salavât-ı Fâtih,
   Kapalı Kapıları Açan Duâ
3. Salâten Tüncina / Salât-ı Münciye,
   Kurtuluşa Erme Duâsı
4. Salât el-Âli'l-Kadr (Klostrofobi için)
   Kadr-ü Kıymeti Yüksek Olan Duâ
5. Salavât et-Tahîyyât
6. Cevheretü'l-Kemâl
7. Salavât-ı Ûli'l-Âzam,
   Yüksek Azim Sahibi Olanların Duâsı
8. Büyükşeyh Abdullah Dağıstani'nin Salavatı
9. Salavât el-İskenderî
10. Salavât-ı Mîzânü'l-Ardu's-Semavât
11. Yüzbin Salavata Denk Salavat
12. Es-Salât el-Kâmil, Efendimize En Mükemmel Duâ
13. Salavât-ı Kemâliye
14. Salavâtü's-Sa`âde, Mutluluk Duâsı
15. Seyyid es-Salavât
16. Salât-ı Zâtîyye
17. Günahların Affı İçin/El-İskenderî Salavatının Başka Versiyonu
18. Hazreti Ali'nin Salavatı

1) Salavât-ı Nûrâniyye / Salavâtü'l-Bedevî el-Kübrâ

(Günde 1 defa okunur)

Seyyid Muhammed Ârif'in "*Telkîs el-Ma`ârif*" adlı kitabında nakledildiğine göre Muhammed el-Talmaysânî ق adında bir evliya *Delâilü 'l-Hayrât'ı*[8] 100,000 kere hatmetmiş. Yüz bininciyi tamamladığında Peygamber Efendimizi ﷺ rüyasında görmüş ve Efendimiz ona şöyle buyurmuş: "Ey Muhammed el-Talmaysânî! Ahmed el-Bedevî'nin *Salât-ı Nûrâniyye*'sini okursan *Delâilü 'l-Hayrât'ı* 800,000 kere okumuş gibi olursun!"

اَللَّهُمَّ صَلِّ وَسَلِّمْ وَبَارِكْ عَلَى سَيِّدِنَا وَمَوْلَانَا مُحَمَّدٍ شَجَرَةِ الْأَصْلِ النُّورَانِيَّةِ، وَلَمْعَةِ الْقَبْضَةِ الرَّحْمَانِيَّةِ، وَأَفْضَلِ الْخَلِيقَةِ الْإِنْسَانِيَّةِ، وَأَشْرَفِ الصُّورَةِ الْجِسْمَانِيَّةِ، وَمَعْدِنِ الْأَسْرَارِ الرَّبَّانِيَّةِ، وَخَزَائِنِ الْعُلُومِ الْاِصْطِفَائِيَّةِ، صَاحِبِ الْقَبْضَةِ الْأَصْلِيَّةِ، وَالْبَهْجَةِ السَّنِيَّةِ، وَالرُّتْبَةِ الْعَلِيَّةِ، مَنِ انْدَرَجَتِ النَّبِيُّونَ تَحْتَ لِوَائِهِ، فَهُمْ مِنْهُ وَاِلَيْهِ، وَصَلِّ وَسَلِّمْ وَبَارِكْ عَلَيْهِ وَعَلَى آلِهِ وَصَحْبِهِ عَدَدَ مَا خَلَقْتَ، وَرَزَقْتَ وَأَمَتَّ وَأَحْيَيْتَ اِلَى يَوْمِ تَبْعَثُ مَنْ أَفْنَيْتَ، وَسَلِّمْ تَسْلِيمًا كَثِيرًا وَالْحَمْدُ لِلّٰهِ رَبِّ الْعَالَمِينَ.

Allâhumme salli ve sellim ve bârik `alâ Seyyidinâ ve Mevlânâ Muhammedin şeceratil aslin nûrâniyyeti ve lem`atil kabdatir rahmâniyyeti ve efdalil hâlîkatil insâniyyeti ve eşrafis sûratil cismâniyyeti ve ma`dinil esrârir rabbâniyyeti ve hazâinil ulûmil istifâiyyeti, sâhibil kabdatil asliyyeti vel-behcetis seniyyeti ver-rutbetil `aliyyeti, menin deracetin nebiyyûne tahte-livâihi fehum minhu ve ileyhi ve salli ve sellim ve bârik `aleyhi ve `alâ âlihi ve sahbihi `adede mâ halakta ve razakta ve emette ve ahyeyte ilâ yevmi teb`aşu men efneyte ve sellim teslîmen keşîrâ vel-hamdu lillâhi rabbil `âlemîyn.

Ey Allah'ım! Nûr ağacının kökü, Rahmâni mülkün parıltısı, yaratılan insanların en faziletlisi, cismi olan sûretlerin en şereflisi, Rabbânî sırların madeni, seçilmiş ilimler hazinesi, Aslî Kabzanın, göz kamaştırıcı güzelliklerin ve yüce mertebelerin sâhibi olan Seyyidimiz ve Efendimiz Muhammed'e ki, onun sancağı altında sıralanacak Peygamberler ondandır ve onun Ailesine, Sahabelerine, kıyamet günü fâni kıldıklarının dirileceği güne değin, yarattıkların, rızık verdiklerin, öldürdüklerin ve dirilttiklerin adedince çokça salât ve selâm ihsan eyle. Onları mübarek kıl. İşte o hamd ki Âlemlerin Rabbi Allah'a mahsustur!

---

[8] Şeyh Muhammed b. Süleyman el-Cezûlî (ö. 870/1465) tarafından derlenen ve asırlardır okunan salavat mecmuası.

2) Salavât-ı Fâtih (Günde en az 1 defa veya 10 defa yatsı namazından sonra okunu)

Âlimlerin rivayetlerine göre bu salavatı bir defa okursan *Delâilü 'l-Hayrat*'ı 600,000 kere okumuş gibi ecre nâil olursun. Hazreti Adem'den ﷺ başlayıp kıyamet gününe kadar yeryüzünde yaşayan insanlar sayısınca salavat getirsen, değer ve kıymet bakımından bu salavat hepsinden daha üstündür. Herhangi bir derdin veya sıkıntın varsa her gece yatsı namazından sonra abdest al, iki rekat namaz kıl ve *Salât-ı Fâtih*'i on defa okuyup Cenâb-ı Allah'tan önündeki engelleri kaldırmasını (veya mânevi bir açılış vermesini) iste; çünkü tüm kilitli kapıları açan Seyyidina Muhammed ﷺ'in hürmetine bu salavat bütün kapalı olan kısmetleri açar! *Salât-ı Fâtih*'i düzenli olarak okumaya devam et ve "Duâ ettim ama hâla duâm kabul olmuyor" diye düşünme; çünkü Allahü Teâla ﷻ sabredenlerle beraberdir ve duânın kabulu ile birlikte aynı zamanda göstermiş olduğun sabrın mükâfatı da sana mutlaka verilecektir. Bundan ayrı, Peygamber Efendimizi ﷺ rüyada görmek isteyen herkes bu salavatı (sabah ve akşam beşer defa olmak üzere) günde on defa okusun.

اللَّهُمَّ صَلِّ عَلَى سَيِّدِنَا مُحَمَّدٍ الفاتِحِ لِمَا أُغْلِقَ و الخاتِمِ لِمَا سَبَقَ ناصِرِ الحَقَّ بِالحَقَّ و الهَادِي إلى صِراطِكَ المُسْتَقِيمِ و عَلَى آلِهِ حَقَّ قَدْرِهِ و مِقْدَارِهِ العَظِي.

Allâhumme salli 'alâ Seyyidinâ Muhammedin el-fâtihi limâ uğlik vel-ḫâtimi limâ sebaḳ nâsiril haḳḳi bil-haḳḳi vel-hâdi ilâ sırâtikel mustaḳîm ve 'alâ âlihi haḳḳa ḳadrihi ve miḳdârihil 'aẓîm.

Ey Allah'ım! Kilitlenmiş kapıları açan, geçmişe son veren, hakka hakikatla destek olan, mahlukâtı Senin doğru yoluna ileten Efendimiz Muhammed'e salât ihsan eyle ve Ailesine onun yüce kadr-i kıymetince salât eyle.

3) Salâten Tüncina / Salât-ı Münciye

(Mevlana Şeyh Nazım tarafından önerildiği üzere her gün 10 defa okunur)

اَللَّهُمَّ صَلِّ عَلَى سَيِّدِنَا مُحَمَّدٍ صَلاَةً تُنْجِينَا بِهَا مِنْ جَمِيعِ الْأَحْوَالِ وَالْآفَاتِ وَتَقْضِى لَنَا بِهَا مِنْ جَمِيعِ الْحَاجَاتِ وَتُطَهِّرُنَا بِهَا مِنْ جَمِيعِ السَّيِّئَاتِ وَتَرْفَعُنَا بِهَا عِنْدَكَ أَعْلَى الدَّرَجَاتِ وَتُبَلِّغُنَا بِهَا أَقْصَى الْغَايَاتِ مِنْ جَمِيعِ الْخَيْرَاتِ فِى الْحَيَاتِ وَبَعْدَ الْمَمَاتِ.

Allâhumme salli 'alâ Seyyidinâ Muhammedin salâten tüncînâ bihâ min cemî'il ahvâli vel-âfât ve taḳdî lenâ bihâ min cemî'al hâcât ve tutahhirunâ bihâ min cemî'is seyyiât ve terfe'unâ bihâ 'indeke 'aled-deracât ve tubelliğunâ bihâ aḳsal ğâyât min cemî'il ḫayrâti fil-hayâti ve ba'del memât.

Ey Allah'ım! Efendimiz Muhammed'e ve onun Ailesine salât ihsan eyle. Bu salavat o derece değerli olsun ki onun hürmetine bizi bütün korku ve belâlardan kurtarsın. Bizim ihtiyaçlarımızı o salavat hürmetine yerine getirsin, bizi bütün günahlardan o salavat hürmetine temizlesin, o salavat hürmetine bizi derecelerin en üstüne yüceltsin, o salavat hürmetine hayatta ve öldükten sonra düşünülebilecek bütün hayırlar konusunda gâyelerin en sonuna kadar ulaştırsın.

4) Salât el-Âli'l-Kadr (Klostrofobi için)
(Günde 10 defa yatsı namazından sonra / 1 defa cuma gecesi okunur)

"*Şerh Salavât ed-Dardîr el-`Allâme's-Sâvî*" adlı eserde birçok evliyanın rivayet ettiğine göre bu salavat kapalı ve basık ortamlarda yaşanan korkuyu giderir, okuyanın kabrini geniş ve rahat bir hale getirir ve sorgu meleklerinin dehşetinden korur. Kim bu salavatı her cuma gecesi bir defa okursa vefât ettiği zaman Peygamber Efendimiz ﷺ onunla defnolunacağı yere kadar gider ve bilhassa kendi mübarek elleriyle onu toprağa gömer!

Sayısız evliyalar bu salavatın fazileti hakkında şöyle buyurmuşlardır: "Kim bu salavatı cuma gecesi veya günü bir kere okursa, Allahü Teâla ﷺ o kişinin ruhuna, bütün ruhlara en güzel örnek teşkil eden Rûh-u Şeriflerini ﷺ görmeyi nasip eder," sadece ruhu bedeninden ayrılırken ve cenazesi mezara götürülürken değil; ama mezarın içindeyken bile kendisiyle bilhassa Peygamber Efendimizin ﷺ ilgilendiğini görür! Allah dostları bu salavatın günde on defa, cuma geceleri ise bir defa okunmasını önermişlerdir; çünkü bu salavat çok büyük hayırlara vesiledir. Ayrıca *"Feth er-Rasûl"* kitabında da rivayet edildiğine göre her kim bu salavatı sadece on defa yatsı namazından sonra okursa bütün gece okumuş gibi kendisine sevap yazılır.

اللَّهُمَّ صَلِّ وَسَلِّمْ وَبَارِكْ عَلَى سَيِّدِنَا مُحَمَّدٍ النَّبِيِّ الأُمِّيِّ الْحَبِيبِ الْعَالِي الْقَدْرِ الْعَظِيمِ الْجَاهِ وَعَلَى آلِهِ وَصَحْبِهِ وَسَلِّمْ

Allâhumme salli ve sellim ve bârik `alâ Seyyidinâ Muhammedin nebîyyil ummîyyil habîbil `âliyyil ḳadril `azîmel câhi ve `alâ âlihi ve sahbihi ve sellim.

Ey Allah'ım! Sâhibimiz ve Efendimiz, kadr-i kıymeti, değeri ve şerefi Senin katında azîm, kadîr ve âlî olan Ümmî Nebîn ve Habîbin Hazreti Muhammed'e, onun Ailesine ve Sahabelerine salât ve selâm ihsan eyle.

5) Et-Tahîyyâtu Duâsındaki Salavat (Günde 1 defa okunur)

Peygamber Efendimiz ﷺ bu salavatı hergün okuyan kimsenin ölüm acısı tatmayacağını ve ruhu bedeninden yumuşakça çekileceğini bildirmiştir. Hadîs-i Şerifte de buyrulduğu üzere, "Mü'minin ruhu tereyağından kıl çeker gibi kolayca çıkar." Bu salavatı *Cevheretü'l-Kemâl* salavatı ile beraber günde en az bir defa okumaya devam et.

السَّلَامُ عَلَيْكَ أَيُّهَا النَّبِيُّ وَرَحْمَةُ اللهِ وَبَرَكَاتُهُ

Es-selâmu `aleyke eyyuhen nebiyyu ve rahmetullâhi ve barakâtuh.

Ey Peygamber! Allah'ın Selâmı, Rahmet ve Bereketleri senin üzerine olsun.

6) Cevheretü'l-Kemâl (Günde 7 veya 12 defa okunur)

Bu salavatı günde yedi defa okuyan kimse Peygamber Efendimizin ﷺ özel sevgisine mazhar olur ve evliyâlık makamına erişmeden âhirete göçmez! Peygamber Efendimizin ﷺ en güzel isimlerinin zikredildiği bu salavat vasıtasıyla Allahü Teâla ﷻ evliyalara nasıl ihsanda ve ikramda bulunduysa sanada aynı ihsanda ve ikramda bulunur. Ve her kim *Cevheretü'l-Kemâl* salavatını on iki defa okuyup Peygamber Efendimize ﷺ hediye ederse, ki bunu yapmak çok önemlidir, Peygamber Efendimizi ﷺ ve bu zamana kadar gelmiş geçmiş bütün Allah dostlarını ziyaret etmiş gibi olur.

اللَّهُمَّ صَلِّ وَسَلِّمْ عَلَى عَيْنِ الرَّحْمَةِ الرَّبَّانِيَةِ وَالْيَاقُوتَةِ الْمُتَحَقِّقَةِ الْحَائِطَةِ بِمَرْكَزِ الْفُهُومِ وَالْمَعَانِي، وَنُورِ الْأَكْوَانِ الْمُتَكَوِّنَةِ الْآدَمِيِّ صَاحِبِ الْحَقِّ الرَّبَّانِي، الْبَرْقِ الْأَسْطَعِ بِمُزُونِ الْأَرْبَاحِ الْمَالِئَةِ لِكُلِّ مُتَعَرِّضٍ مِنَ الْبُحُورِ وَالْأَوَانِي، وَنُورِكَ اللَّامِعِ الَّذِي مَلَأْتَ بِهِ كَوْنَكَ الْحَائِطِ بِأَمْكِنَةِ الْمَكَانِي، اللَّهُمَّ صَلِّ وَسَلِّمْ عَلَى عَيْنِ الْحَقِّ الَّتِي تَتَجَلَّى مِنْهَا عُرُوشُ الْحَقَائِقِ عَيْنِ الْمَعَارِفِ الْأَقْوَمِ صِرَاطِكَ التَّامِّ الْأَسْقَمِ، اللَّهُمَّ صَلِّ وَسَلِّمْ عَلَى طَلْعَةِ الْحَقِّ بِالْحَقِّ الْكَنْزِ الْأَعْظَمِ إِفَاضَتِكَ مِنْكَ إِلَيْكَ إِحَاطَةِ النُّورِ الْمُطَلْسَمِ صَلَّى اللهُ عَلَيْهِ وَعَلَى آلِهِ، صَلَاةً تُعَرِّفُنَا بِهَا إِيَّاهُ

Allâhumme salli ve sellim `alâ aynir rahmetir rabbâniyeti vel-yâkûtatil mutahakkikatil hâiteti bi-merkezil fuhûmi vel-me`ânî. Ve nûril ekvânil mutekevvinetil âdemiyy sâhibil hakkir rabbânî. El-barkıl asta`i bi-muzûnil arbâhil mâ`lieti li-kulli muta`arridin minel buhûri vel-evânî. Ve nûrikel lâmi`illezî mele`te bihi kevnekel hâ`iti bi-emkinetil mekâni.

Allâhumme salli ve sellim `alâ `aynil hakki`lletî tetecellâ minhâ urûşul hakâikı `aynil me`ârifel akvemi sırâtiket tâmmil eskam. Allâhumme salli ve sellim `alâ tal`atil hakkı bil-hakkil kenzil `âzam ifâdatike minke ileyke ihâtatin nûril mutalsam. Sallallâhu `aleyhi ve `alâ âlihi salâten tu`arrifuna bihâ iyyâh.

Ey Allah'ım! Nazargâhın olan rahmet pınarı, sonsuz kudretinle tahakkuk eden yakut ve inci tanesi, mana ilimlerinin mübarek Zât-ı Ahmediyye'sin de neşet eden göz kamaştırıcı nur, Yüce Allah'ın ayan beyan apaçık mucizesi, yağmur tanelerini taşıyan rahmet bulutları arasında çakan şimşekler misali, zamanın ve de denizlerin engelleyemediği bütün mekanları kuşatan, kâinatı aydınlatan Muhammed Mustafa'ya salât ve selâm ihsan eyle, mübarek eyle Allah'ım!

Ey Allah'ım! Mârifetlerin tecelligâhı ve kaynağı, Hakkın hakikatin görünen gözü, hakiki saltanatın onun marifetiyle ancak tecelli ettiği marifetlerin pınarı, Senin sosdoğru yolunda sebat etme sonucu zirveye taht kuran, o en berrak, pak ve temiz Rûh-u Pâk-i Muhammed'e salât ve selâm olsun. Ey Allah'ım! Hak ve hakikatin apaçık yüzü; Senin sonsuz kudret ve celalinle en güzel Ahlâk-ı Hamideye sahip olan, tükenmek bilmeyen hazinenin mümessili, gizli âşikar nur timsali Muhammed Mustafa'ya, Ailesine ve Sahabelerine salât ve selâm ihsan eyle ki, bu selâm ile o müstesna insanı tanıyabilelim, onun yolunda yaşıyabilelim.

7) Salavât-ı Ûli'l-Âzam (Günde 3 defa okunur)

Bu salavatı üç defa okumak fazilet bakımından *Delâilü 'l-Hayrat*'ı hatmetme derecesindedir.

اَللّٰهُمَّ صَلِّ عَلَى سَيِّدِنَا مُحَمَّدٍ وَسَيِّدِنَا آدَم وَسَيِّدِنَا نُوحٍ وَسَيِّدِنَا إِبْرَاهِيم وَسَيِّدِنَا مُوسَى وَسَيِّدِنَا عِيسَى وَمَا بَيْنَهُمْ مِنَ النَّبِيِّينَ وَالْمُرْسَلِينَ صَلَوَاتُ اللهِ وَسَلَامُهُ عَلَيْهِمْ أَجْمَعِينَ

Allâhumme salli alâ Seyyidinâ Muhammedin ve Seyyidinâ Âdeme ve Seyyidinâ Nûhin ve Seyyidinâ İbrâhime ve Seyyidinâ Mûsâ ve Seyyidinâ İsâ ve mâ beynehum minen-nebiyyîne vel-murselîne salavâtullahi ve selâmuhu 'aleyhim ecma'ŷn.

Ey Allah'ım! Efendimiz Muhammed'e, Adem'e, Nuh'a, İbrahim'e, Musa'ya, İsa'ya ve bunlar arasında gelmiş geçmiş bütün Peygamber ve Resûllere topyekün salât ve selâm ihsan eyle.

8) Büyükşeyh Abdullah Dağıstani'nin Salavatı

(Günde 100 defa okunur)

Şeyh Abdullah Dağıstani Hazretleri ق şöyle buyurmuşlardır: "Eğer *Delâilü 'l-Hayrat*'ı günlük virdiniz olarak okuyamıyorsanız, onun yerine bu salavatı 100 defa okuyun." En kolay ve basit salavat şekli olan bu Salavat-ı Şerife, Peygamber Efendimizin ﷺ Rabbine olan tevâzusunu gösterir. Bu nedenle *Delâilü 'l-Hayrat*'ın okunması çok önemlidir; ama okumaya gücünüz yetmiyorsa aynı niyet üzere 100 defa bu salavatı okursanız *Delâilü 'l-Hayrat*'da okunması gereken güne ait bölümü okumuş gibi olursunuz. Bu konu üzerinde Şeyh Abdullah Dağıstani Hazretleri'nin ق bize olan tavsiyesi:

Ey sevgili oğlum/kızım! Eğer selâmete çıkmak ve Allah'ın sana Hidayetini göndermesini istiyorsan, senin için derlediğim bu salavat hazinelerine sımsıkı tutun ve hiçbir şekilde bırakma! Peygambere ﷺ salavatı terk etmemeye gayret et; çünkü malesef onu çoğu zaman terk edip yüzüstü bırakıyoruz. Peygamber Efendimize ﷺ salavat getirmek Allah katında son derece faydalı ve kıymetlidir; çünkü o, kâmilliğe varan yol, kapısı ve onun en muazzam girişidir! Ey oğlum! Sana tavsiyem bunlara sımsıkı tutunman ve belki birgün Peygamber Efendimiz ile ﷺ rüyada veyâhut uyanık olarak görüşürsün!

اَللّٰهُمَّ صَلِّ عَلَى مُحَمَّدٍ وَعَلَى آلِ مُحَمَّدٍ وَسَلِّم

Allahumme salli 'alâ Muhammedin ve 'alâ âli Muhammedin ve sellem.

Ey Allah'ım! Efendimiz Muhammed'e ve onun Ailesine salât ve sellem ihsan eyle.

9) Salavât el-İskenderî (Günde 10 defa)

Cemâleddin ibn Ali İskender ق adında bir zât bir gün rüyasında Sevgili Peygamber Efendimizi ﷺ görür. Peygamber Efendimiz ﷺ ona, "Ey Muhammed ibn Ali İskender! Sana öyle bir salavat öğreteceğim ki, onu on defa okursan günlük virdini sabah akşam eksiksiz olarak tamamlıyormuş gibi büyük ecre nâil olursun. Şimdi diyeceklerimi tekrar et!" buyurur ve bizde Efendimizin ﷺ arkasından aynısını tekrar ediyoruz:

اللَّهُمَّ صَلِّ عَلَى سَيِّدِنَا مُحَمَّدٍ السَّابِقِ لِلْخَلْقِ نُورُهُ وَرَحْمَةً لِلْعَالَمِينَ ظُهُورُهُ عَدَدَ مَنْ مَضَى مِنْ خَلْقِكَ وَمَنْ بَقِيَ وَمَنْ سَعِدَ مِنْهُمْ وَمَنْ شَقِيَ صَلَاةً تَسْتَغْرِقُ الْعَدَّ وَتُحِيطُ بِالْحَدِّ صَلَاةً لَا غَايَةَ لَهَا وَلَا اِنْتِهَاءَ وَلَا أَمَدَ لَهَا وَلَا اِنْقِضَاءَ صَلَاةً دَائِمَةً بِدَوَامِكَ بَاقِيَةً بِبَقَائِكَ وَعَلَى آلِهِ وَصَحْبِهِ وَسَلِّمْ تَسْلِيمًا مِثْلَ ذَلِكَ.

اللَّهُمَّ صَلِّ عَلَى مُحَمَّدٍ وَعَلَى آلِ مُحَمَّدٍ وَاِجْزِ مُحَمَّداً عَنَّا مَا هُوَ أَهْلُهُ اللَّهُمَّ صَلِّ عَلَى مُحَمَّدٍ وَعَلَى آلِ مُحَمَّدٍ عَدَدَ مَا عَلِمْتَ وَزِنَةَ مَا عَلِمْتَ وَمِلْءَ مَا عَلِمْتَ اللَّهُمَّ صَلِّ وَ سَلِّمْ وَ بَارِكْ عَلَى سَيِّدِنَا وَ مَوْلَانَا مُحَمَّدٍ وَ عَلَى كُلِّ نَبِيٍّ وَ عَلَى جِبْرِيلَ وَ عَلَى كُلِّ مَلَكٍ وَ عَلَى اَبِي بَكْرٍ وَ عَلَى كُلِّ وَلِيٍّ.

Allâhumme salli 'alâ Seyyidinâ Muhammedin es-sâbikı lil-halkı nûruhu ver- rahmeten lil-'âlemîne zuhûruhu 'adede mem-medâ min halkike ve mem-bakıye ve men sa'ide minhum ve men şakıye salâten testağrikul-'adde ve tuhîtu bil-haddi salâten lâ ğâyete lehâ ve lentihâ ve lâ emede lehâ ve lenkıdâ salâten dâimeten bi-devâmike bâkıyeten bi-bakâike ve 'alâ âlihi ve sahbihi ve sellim teslîmen mişle zâlik.

Allâhumme salli 'alâ Seyyidinâ Muhammedin ve 'alâ âli Muhammedin weczi Muhammeden 'annâ mâ huva ehluh. Allâhumme salli 'alâ Muhammedin ve 'alâ âli Muhammedin 'adede mâ 'alimte ve zinete mâ 'alimte ve mil-e mâ 'alimte. Allâhumme salli ve sellim ve bârik 'alâ Seyyidinâ ve Mevlânâ Muhammedin ve 'alâ kulli nebiyyin ve 'alâ Cibrâîle ve 'alâ kulli melekin ve 'alâ Ebi Bekrin ve 'alâ kulli veliyyin.

Ey Allah'ım! Nûru yaratılanlardan önce meydana gelen, ortaya çıkışı âlemlere rahmet olan Efendimiz Muhammed'e bundan önce gelip geçen ve halen var olan mahlukat adedince ve bu mahlukat içinde sa'id ve şakî olanlar sayısınca, hatta öyle ki, had ve hesaba sığmayacak, sonu gelmeyecek ve tükenmeyecek derecede ve Senin Yüce Varlığının devamı süresince salât ve selâm ihsan eyle. Onun Ailesine ve Sahabelerine de aynen bu mertebede salât ve selâm ihsan eyle.

Ey Allah'ım! Seyyidina Muhammed'e salât ve selâm eyle ve onu layık olduğu bir mükafatla en yüksek dereceye erdir. Ey Allah'ım! Efendimize ve onun Ailesine, bildiklerin sayısınca, bildiklerinin sonsuz ağırlığınca hatta kelimelerinin ağırlığınca salât eyle. Ey Allah'ım! Efendimiz Muhammed'e ve bütün Peygamberlere, Cebrâil'e ve bütün meleklere, Ebu Bekir'e ve bütün evliyalara salât ve selâm ihsan eyle!

10) Yüz Salavata Denk Salavat / Salavât-ı Mîzânul Ardu 's-Semavât (Günde 1 defa okunur)

"Kunûz el-Esrâr" adlı eserin 30.uncu sayfasında bu salavatın yüz salavata denk olduğu nakledilmiştir.

اللَّهُمَّ صَلِّ عَلَى سَيِّدِنَا مُحَمَّدٍ وَعَلَى آلِهِ صَلَاةً تَزِنُ الْأَرْضِينَ وَالسَّمَوَاتِ عَدَدَ مَا فِي عِلْمِكَ عَدَدَ جَوَاهِرِ أَفْرَادِ كُرَةِ الْعَالَمِ وَأَضْعَافَ ذَلِكَ إِنَّكَ حَمِيدٌ مَجِيد

Allâhumme salli 'alâ Seyyidinâ Muhammedin ve 'alâ âlihi salâten tezinel ardîne vessemavâti 'adede mâ fî 'ilmike 'adede cevâhiri efrâdi kurratil 'âlem ve ed'âfe zâlike inneke hamîdun mecîd.

Ey Allah'ım! Yerlerin ve göklerin ağırlığınca, ilminde bulunanlar sayısınca, kâinattaki en güzîde varlıklar sayısınca ve onun iki misli kadar Efendimiz Muhammed'e ve onun Ailesine salât ihsan eyle. Şüphesiz övülmeye layık yalnız Sensin, şan ve şeref sâhibi de Sensin.

11) Yüzbin Salavata Denk Salavat (Günde 1 defa)

اللَّهُمَّ صَلِّ عَلَى سَيِّدِنَا مُحَمَّدٍ عَبْدِكَ وَنَبِيِّكَ وَرَسُولِكَ النَّبِيِّ الْأُمِّيِّ وَعَلَى آلِهِ وَصَحْبِهِ وَسَلِّمْ تَسْلِيمًا بِقَدْرِ عَظَمَةِ ذَاتِكَ فِي كُلِّ وَقْتٍ وَحِينٍ

Allâhumme salli 'alâ Seyyidinâ Muhammedin 'abdike ve nebiyyike ve rasûliken nebiyyil ümmîyy ve 'alâ âlihi ve sahbihi ve sellim teslîmen bi-kadari azameti zâtike fî kulli vaktin ve hıyn.

Ey Allah'ım! Kulun, Peygamberin, Ümmi Resûlun Hazreti Muhammed'e, onun Ailesine, Sahabelerine, Zâtının azametinin sonsuzluğu nisbetinde her vakit ve her zaman salât ihsan eyle, kâmil manada esenlikler ver.

12) Es-Salât el-Kâmil, Efendimize En Mükemmel Duâ
(Her gün akşam ve yatsı namazları arasında 1 defa okunur)

En üstün salavat *Salât el-Kâmil*'dir; zira evliyalar bu salavatın 70,000 salavata denk olduğunu bildirmişlerdir. Bundan da öte, Şâfi mezhebinde şunu söylerler: Nasıl ki Allahü Teâlâ'nın kâmilliğinin bir sonu yok, bu salavatın getireceği sevapların da bir sonu yoktur ve olamaz da! Akşam ve yatsı namazları arasında bilhassa unutkanlığı gidermek ve hafızayı güçlendirmek için okunur.

اَللَّهُمَّ صَلِّ وَسَلِّمْ وَبَارِكْ عَلَى سَيِّدِنَا مُحَمَّدٍ وَعَلَى آلِهِ كَمَا لَا نِهَايَةَ لِكَمَالِكَ وَعَدَدَ كَمَالِهِ

Allâhumme salli ve sellim ve bârik 'alâ Seyyidinâ Muhammedin ve 'alâ âlihi kemâ lâ nihâyete li-kemâlike ve 'adede kemâlih.

Ey Allah'ım! Efendimiz Muhammed'e ve Ailesine öyle bir salât ihsan eyle ki, onun mükemmelliğinin bir sonu olmadığı gibi o salâtın da sonu olmasın.

13) Salavât-ı Kemâliye

Salavât-ı Kemâliye, Salât el-Kâmil'e benzer bir salavattır; tek farkı, Allahü Teâla'nın İlâhi kemâlinin ve "kâmil" kelimesindeki azametin zikredilmiş olmasıdır ki, bu bizim anlayabileceğimiz bir şey değildir. Çünkü O, mahlûk olmayan ve mükemmelliğin en zirve noktasındaki İlâhi mükemmelliğin ta kendisidir! Bazı rivayetlere göre bu salavat, okuyan kişiye bitmeyen, sonsuz mükâfatlar kazandırır. Bu nedenle, *Salavât-ı Kemâliye*'nin 600,000 veya bir milyon salavat gücü gibi kısıtlı bir rakama sığdırılamayacağını söylerler. Allahü Teâla'nın ﷻ mükemmelliğinin sonu olmadığı gibi, bu salavattan gelecek sevap ve faziletin de sonu yoktur.

اللَّهُمَّ صَلِّ وَبَارِكْ عَلَى سَيِّدِنَا مُحَمَّدٍ وَعَلَى آلِهِ عَدَدَ كَمَالِ الله وَكَمَا يَلِيقُ بِكَمَالِهِ

Allâhumme salli ve sellim ve bârik 'alâ Seyyidinâ Muhammedin ve 'alâ âlihi 'adede kemâlillâhi ve kemâ yelîḳu bi-kemâlih.

Ey Allah'ım! Efendimiz Muhammed'e ve onun Ailesine Senin nezdindeki kemâlât adedince ve ondaki kemâlâta yaraşacak tarzda salât ve selâm ihsan eyle.

14) Salavâtü's-Sa`âde, Mutluluk Duâsı
(Günde 1 veya 70 defa okunur)

Şeyh Ahmed es-Sâvî'nin *"Efdalu's-Salavât"* adlı kitabında nakledildiğine göre bir kimse bu salavatı bir defa okursa 600,000 salavat okumuş gibi sevap kazanır; günde yetmiş defa okursa, cehennemden azâd olur.

اللَّهُمَّ صَلِّ عَلَى سَيِّدِنَا مُحَمَّدٍ عَدَدَ مَا فِي عِلْمِ الله صَلَاةً دَائِمَةً بِدَوَامِ مُلْكِ الله

Allâhumme salli ve sellim ve bârik 'alâ Seyyidinâ ve Mevlânâ Muhammedin 'adede mâ fî 'ilmillâhi salâten dâimeten bi-devâmi mulkillâh.

Ey Allah'ım! Efendimiz Muhammed'e, Allah'ın ilminde gizli olanlar sayısınca ve Allah'ın mülkü devam ettikçe devam edecek olan salât ve selâm ile salât ihsan eyle.

15) Seyyid es-Salavât

Bu salavat Sevgili Peygamber Efendimiz ﷺ tarafından Şeyh Şerâfeddin Hazretlerine ق rüya yoluyla bildirilmiştir. Şeyh Şerâfeddin Hazretleri ق bize şöyle nakleder: "Evrendeki bütün varlıklar sonsuza değin ayakta durur vaziyette Peygambere ﷺ salavat getirseler, bu salavat fazilet bakımından Mizan'da hepsinden daha ağır gelir! Bir kimse bu salavatı Medine-i Münevvere'de Muvâcehe-i Şerife'nin karşısında durup Peygamber Efendimizin ﷺ huzurunda okursa, kendisine kainattaki bütün varlıkların salavatları ikram edilir. Bununla da kalmaz, doğrudan doğruya Allahü Teâlâ ﷻ tarafından kendisine hiç kimsenin bilemeyeceği miktarda sevap verilir!

عَلَى أَشْرَفِ العَالَمِينَ سَيِّدِنَا مُحَمَّدٍ الصَّلَوَات

عَلَى أَفْضَلِ العَالَمِينَ سَيِّدِنَا مُحَمَّدٍ الصَّلَوَات

عَلَى أَكْمَلِ العَالَمِينَ سَيِّدِنَا مُحَمَّدٍ الصَّلَوَات

صَلَوَاتُ اللهِ تَعَالَى وَمَلَائِكَتِهِ وَأَنْبِيَائِهِ وَرُسُلِهِ وَجَمِيعِ خَلْقِهِ عَلَى مُحَمَّدٍ وَعَلَى آلِ مُحَمَّدٍ، عَلَيْهِ وَعَلَيْهِمُ السَّلَامُ وَرَحْمَةُ اللهِ وَرَضِيَ اللهُ تَبَارَكَ وَتَعَالَى عَنْ سَادَاتِنَا أَصْحَابِ رَسُولِ اللهِ أَجْمَعِينَ وَعَنِ التَّابِعِينَ بِهِمْ بِإِحْسَانٍ وَعَنْ تَعَالَى وَبَرَكَاتُهُ الأَئِمَّةِ الْمُجْتَهِدِينَ الْمَاضِينَ وَعَنِ الْعُلَمَاءِ الْمُتَّقِينَ وَعَنِ الْأَوْلِيَاءِ الصَّالِحِينَ وَعَنْ مَشَايِخِنَا فِي الطَّرِيقَةِ النَّقْشَبَنْدِيَّةِ العَلِيَّةِ، قَدَّسَ اللهُ تَعَالَى أَرْوَاحَهُمُ الزَّكِيَّةَ وَنَوَّرَ اللهُ تَعَالَى أَضْرِحَتَهُمُ الْمُبَارَكَةَ وَأَعَادَ اللهُ تَعَالَى عَلَيْنَا مِنْ بَرَكَاتِهِمْ وَفُيُوضَاتِهِمْ دَائِمًا وَالْحَمْدُ لِلَّهِ رَبِّ العَالَمِينَ – الفَاتِحَة

'Alâ eşrafil âlemîne Seyyidinâ Muhammedin salavât.
'Alâ efdalil âlemîne Seyyidinâ Muhammedin salavât.
'Alâ ekramil âlemîne Seyyidinâ Muhammedin salavât.

Salavâtullâhi teâlâ ve melâiketihi ve enbiyâihi ve rusulihi ve cemî'i halkihi 'alâ Muhammedin ve 'alâ âli Muhammed 'aleyhi ve 'aleyhimus-selâm ve rahmetullâhi teâlâ ve berakâtuh.

Ve radiyallâhu tebâraka ve teâlâ 'an sâdâtinâ ashâbi rasûlillâhi ecma'îyn. Ve 'anittâbi'îne bihim bi-ihsânin ve 'anil e-immetil muctehidînel mâdîn ve 'anil ulemâil muttakîyn ve 'anil evliyâis-sâlihîn ve 'an meşâyikınâ fit-tarîkatin nakşibendiyyetil 'aliyyeh, ḳaddas-Allâhu teâlâ ervâhehumuz-zekiyye ve nevver-Allâhu teâlâ adrihatehumul mubâraka ve 'adallâhu teâlâ 'aleynâ min barakâtihim ve fuyûdâtihim dâimen vel-hamdu lillâhi rabbil 'âlemîyn.

Âlemlerin en Şereflisi, Seyyidina Muhammed'e salât olsun!
Âlemlerin en Faziletlisi, Seyyidina Muhammed'e salât olsun!
Âlemlerin en Mükerremi, Seyyidina Muhammed'e salât olsun!

Allahü Teâlâ'nın, Meleklerin, Peygamberlerin, Resûllerin ve tüm yaratılanların selâmları, hürmetleri, yüceltmeleri, güzellikleri, Efendimiz Muhammed'in ve onun Ailesinin ve Sahabelerinin üzerine olsun.

Allahü Tebâreke ve Teâla, sâdatlarımızdan (seyyidlerimizden), bütün Sahabelerden ve onların üstün ahlakını örnek alan tâbi'ûndan, eski müctehid imamlarından, muttakî âlimlerden, salih evliyalardan ve Nakşibendiyyetil-Aliyye yolundaki meşâyiklerimizin her birinden razı olsun! Allahü Teâla onların o saf ve temiz ruhlarını mukaddes kılsın ve mübarek kabirlerini nurlandırsın, bizi de onların feyz ve bereketlerinden dâim nasiplendirsin.

16) Salât-ı Zâtîyye (Günde 1 defa okunur)

Arap dilinde oldukça nadir rastlanılan terimler içeren *Salavât-ı Zâtîyye*, Seyyidina Muhyiddîn ibn `Arabi ق tarafından derlenmiş, çok sayıda derin ve gizli anlamlar taşıyan eşsiz bir salavattır. Mısır'da Ezher Üniversitesi'nin mescidinde tespit edilen bu salavat, aynı zamanda *Delâilül Hayrat*'ın eski nüshalarında da mevcuttur. Bu salavatın bir kere dahi okunması, sayısız bereketlerin inmesine sebep olur; okuyan kişi *Delâilü l'Hayrat*'ı her gün gece gündüz okuyormuş gibi sevap kazanır ve 70,000 bereket ve ecre nâil olur.

اللَّهُمَّ صَلِّ عَلَى الذَّاتِ الْمُطَلْسَمِ وَالْغَيْبِ الْمُطَمْطَمِ لَاهُوتِ الْجَمَالِ نَاسُوتِ الْوِصَالِ طَلْعَةِ الْحَقِّ كَنْزِ عَيْنِ اِنْسَانِ اْلأَزَلِ فِي نَشْرِ مَنْ لَمْ يَزَلْ فِي قَابِ نَاسُوتِ الْوِصَالِ اْلأَقْرَبِ اللَّهُمَّ صَلِّ بِهِ مِنْهُ فِيهِ عَلَيْهِ وَسَلَّمْ.

Allâhumme salli `alaz-zâtil mutalsam vel-ğaybil mutamtam lâhûtil cemâli nâsûtil visâl tal`atil hakk kenzi `aynil insânel ezel fî neşri men lem yezel fî kâbe nâsûtil visâlil akrab. Allâhumme salli bihi minhu fîhi `aleyhi ve sellim.

Burada Allahü Teâla ﷻ Peygamber Efendimizin "Bilinmeyen Zât"ına duâlarını ve övgülerini ihsân ediyor. Ve o Zât ﷺ saklı olduğundan onu açacak ve deşifre edecek gizli kodları bilmeden kimse onun hakikatlerine nüfuz edemez.

Ez-Zâti 'l-Mutalsam hiç kimsenin bilip çözemeyeceği "Tılsımlı Zât"tır; *el-Ğaybi 'l-Mutamtam* ise kimsenin ulaşamayacağı veya mübâhese edemeyeceği "Mutlak Görünmeyen"dir.

Lâhût el-Cemâl, Peygamber Efendimizden ﷺ daha güzeli yoktur; o, bütün kainatın ve İlâhi âlemlerin Cemâlidir, Güzelliğidir. "*Lâhut*" dünya'ya ait olan ve "*Nâsût*" dünyadan İlâhi âleme giden yol manasındadır ki, o yol Hazreti Muhammed'in ta kendisidir ﷺ! O, Hakkâniyet ve Cemâl sıfatlarının üzerine giydirildiği *Tal`atil-Hakk*, Hakk'ın Görünümü'dür.

İnsân el-ezel fî neşri men lem yezel, "O, Allah'ın ﷻ güzel İsim ve Sıfatlarının sırlarını keşfedecek ezelden ebede vâr olan en mükemmel insandır.

Fî kâbe nâsûtil-visâlil-akrab, "O, dünyevi âlemden İlâhi âleme uzanan köprüye ulaşmış kimselerin mânevi perdelerini açar; onlar İlâhi âlemlere ilerledikçe Peygamber Efendimiz onlara daha fazlasını açar.

Allâhumme salli bihi minhu fîhi `aleyhi ve sellim, "Ey Allah'ım! Peygamber Efendimize ﷺ, onun vasıtasıyla, ondan gelecek, ona varacak ve onun üzerine olacak salât ile salât ihsan eyle!"

17) Günahların Affı İçin / El-İskenderî Salavatının Başka Versiyonu (Günde 1 defa okunur)

Bunu bir kere okursan Allahü Teâlâ ﷻ işlediğin 100,000 günahı amel defterinden siler! Bir kere okumakla 100,000 büyük günah af olur; iki kere okumakla 200,000 büyük günah; üç kere okumakla 300,000 büyük günah ve on kere okumakla bir-milyon büyük günah af olur!

اللّٰهُمَّ صَلِّ عَلَى سَيِّدِنَا مُحَمَّدٍ السَّابِقِ لِلْخَلْقِ نُورُهُ، وَالرَّحْمَةِ لِلْعَالَمِينَ ظُهُورُهُ، عَدَدَ مَنْ مَضَى مِنْ خَلْقِكَ وَمَنْ بَقِىَ، وَمَنْ سَعِدَ مِنْهُمْ وَمَنْ شَقِىَ، صَلَاةً تَسْتَغْرِقُ الْعَدَّ، وَتُحِيطُ بِالْحَدِّ، صَلَاةً لَا غَايَةَ لَهَا وَلَا مُنْتَهَى وَلَا اِنْقَضَا، وَتُثِيبُنَا بِهَا يَوْمَ الدِّينِ، وَعَلَى آلِهِ وَصَحْبِهِ وَسَلِّمْ مِثْلَ ذٰلِكَ. اللهم صل على مِنْكَ الرِّضَا، صَلَاةً دَائِمَةً بِدَوَامِكَ وَبَاقِيَةً بِبَقَائِكَ اِلَّا سيّدنا محمد الذي ملأت قلبه من جلالك وعينه من جمالك فأصبح فرحاً مؤيداً منصوراً وعلى اله وصحبه وسلم تسليماً والحمد لله على ذلك

Allâhumme salli 'alâ Seyyidinâ Muhammedin es-sâbiki lil-halki nûruhu ver- rahmeten lil-'âlemîne zuhûruhu 'adede mem-medâ min halkike ve mem-bakiye ve men sa'ide minhum ve men şakiye salâten testağrikul-'adde ve tuhîtu bil-haddi salâten lâ ğâyete lehâ ve lâ muntehâ ve lenkidâ ve tunîlenâ bihâ minker ridâ salâten dâimeten bi-devâmike bâkiyeten bi-bakâike. Allâhumme salli 'alâ Seyyidina Muhammedin ellezî mele'te kalbehu min celâlike ve 'aynehû min cemâlike fe-asbaha ferihan mu'eyyeden mensûran ve 'alâ âlihi ve sahbihi ve sellim teslîmen vel-hamdu lillâhi 'alâ zâlik.

Ey Allah'ım! Nûru yaratılanlardan önce meydana gelen, ortaya çıkışı âlemlere rahmet olan Efendimiz Muhammed'e, bundan önce gelip geçen ve halen vâr olan mahlûkat adedince ve bu mahlûkat içinde sa'id ve şakî olanlar sayısınca, hatta öyle ki, had ve hesaba sığmayacak, sonu gelmeyecek ve tükenmeyecek derecede ve Senin Yüce Varlığının devamı süresince salât ve selâm ihsan eyle. Ey Allah'ım! Kalbini Celâl, gözünü Cemâl Sıfatınla doldurduğun, böylece destek ve yardım ikrâm ederek sevindirdiğin, Efendimiz Muhammed'e ve onun Ailesine ve Sahabelerine tam manasıyla selâm eyle. Ve hamd sadece Allah'a âittir.

18) Hazreti Ali'nin Salavatı
(Günde 3 defa, cuma günleri 100 defa okunur)

Peygamber Efendimiz'in Hazreti Ali'ye vermiş olduğu bu salavat, kalplerin Resûlullah'a ﷺ açılan kapısıdır. *"Nehcül Muttakîn"* kitabında rivayet edildiğine göre Hazreti Ali ؓ şöyle buyurmuştur: "Bu salavatı günde üç defa ve cuma günleri yüz defa okursan, zamanın başından sonuna kadar, *ins-ü cin*'in, meleklerin ve bütün varlık âleminin salavatlarını okumuş gibi sevâba nâil olursun. Allahü Teâlâ ﷻ kıyamet gününde seni Hazreti Muhammad ﷺ ve onun bayrağı altında sıralanacak Peygamberler, Sıddıklar, Şehidler ve Sâlihlerle birlikte olmayı nasip eder. Ve Peygamber Efendimiz ﷺ elinden tutarak seni cennete götürür."

صَلَواتُ اللهِ تعالى وَمَلائِكَتِهِ وأنبيائِه ورَسُلِهِ وجَميعِ خَلْقِهِ على مُحَمَّدٍ وعلى آلِ مُحَمَّدٍ، عليه وعليهمُ السَّلامُ ورَحْمَةُ اللهِ تَعالى وبَرَكاتُهُ

Salavâtullâhi teâlâ ve melâiketihi ve enbiyâihi ve rusulihi ve cemî`i ḥalḳihi `alâ Muhammedin ve `alâ âli Muhammed `aleyhi ve `aleyhimus-selâm ve rahmetullâhi teâlâ ve berakâtuh.

Allahü Teâla'nın, Meleklerin, Peygamberlerin, Resûllerin ve tüm yaratılanların selâmları, hürmetleri, yüceltmeleri, güzellikleri, Efendimiz Muhammed'in ve onun Ailesinin ve Sahabelerinin üzerine olsun.

Cuma Günü Okunacak Salavatlar

1. Salât el-Âli'l-Kadr (Klostrofobi için)
2. Hazreti Ali'nin (r) Salavatı
3. Rüyada Rabbini Görmek İçin

1) Salât el-Âli'l-Kadr (Klostrofobi için)

(Günde 10 defa yatsı namazından sonra / 1 defa cuma gecesi okunur)

"*Şerh Salavât ed-Dardîr el-`Allâme's-Sâvî*" adlı eserde birçok evliyanın rivayet ettiğine göre bu salavat kapalı ve basık ortamlarda yaşanan korkuyu giderir, okuyanın kabrini geniş ve rahat bir hale getirir ve sorgu meleklerinin dehşetinden korur. Kim bu salavatı her cuma gecesi bir defa okursa vefât ettiği zaman Peygamber Efendimiz ﷺ onunla defnolunacağı yere kadar gider ve bilhassa kendi mübarek elleriyle onu toprağa gömer!

Sayısız evliyalar bu salavatın fazileti hakkında şöyle buyurmuşlardır: "Kim bu salavatı cuma gecesi veya günü bir kere okursa, Allahü Teâla ﷺ o kişinin ruhuna, bütün ruhlara en güzel örnek teşkil eden Rûh-u Şeriflerini ﷺ görmeyi nasip eder," sadece ruhu bedeninden ayrılırken ve cenazesi mezara götürülürken değil; ama mezarın içindeyken bile kendisiyle bilhassa Peygamber Efendimizin ﷺ ilgilendiğini görür! Allah dostları bu salavatın günde on defa, cuma geceleri ise bir defa okunmasını önermişlerdir; çünkü bu salavat çok büyük hayırlara vesiledir. Ayrıca "*Feth er-Rasûl*" kitabında da rivayet edildiğine göre her kim bu salavatı sadece on defa yatsı namazından sonra okursa bütün gece okumuş gibi kendisine sevap yazılır.

اللَّهُمَّ صَلِّ وَسَلِّمْ وَبَارِكْ عَلَى سَيِّدِنَا مُحَمَّدٍ النَّبِيِّ الأُمِّيِّ الحَبِيبِ العَالِي القَدْرِ العَظِيمِ الجَاهِ وَعَلَى آلِهِ وَصَحْبِهِ وَسَلِّمْ

Allâhumme salli ve sellim ve bârik `alâ Seyyidinâ Muhammedin nebîyyil ummîyyil habîbil `âliyyil kadril `azîmel câhi ve `alâ âlihi ve sahbihi ve sellim.

Ey Allah'ım! Sâhibimiz ve Efendimiz, kadr-i kıymeti, değeri ve şerefi Senin katında azîm, kadîr ve âlî olan Ümmî Nebîn ve Habîbin Hazreti Muhammed'e, onun Ailesine ve Sahabelerine salât ve selâm ihsan eyle.

2) Hazreti Ali'nin Salavatı

(Günde 3 defa, cuma günleri 100 defa okunur)

Peygamber Efendimiz'in Hazreti Ali'ye vermiş olduğu bu salavat, kalplerin Resûlullah'a ﷺ açılan kapısıdır. "*Nehcül Muttakîn*" kitabında rivayet edildiğine göre Hazreti Ali ﷺ şöyle buyurmuştur: "Bu salavatı günde üç defa ve cuma günleri yüz defa okursan, zamanın başından sonuna kadar, *ins-ü cin*'in, meleklerin ve bütün varlık âleminin salavatlarını okumuş gibi sevâba nâil olursun. Allahü Teâla ﷺ kıyamet gününde seni Hazreti Muhammad ﷺ ve onun bayrağı altında sıralanacak Peygamberler, Sıddıklar, Şehidler ve Sâlihlerle birlikte olmayı nasip eder. Ve Peygamber Efendimiz ﷺ elinden tutarak seni cennete götürür."

صَلَوَاتُ اللهِ تَعَالَى وَمَلَائِكَتِهِ وَأَنْبِيَائِهِ وَرُسُلِهِ وَجَمِيعِ خَلْقِهِ عَلَى مُحَمَّدٍ وَعَلَى آلِ مُحَمَّدٍ، عَلَيْهِ وَعَلَيْهِمُ السَّلَامُ وَرَحْمَةُ اللهِ تَعَالَى وَبَرَكَاتُهُ

Salavâtullâhi teâlâ ve melâiketihi ve enbyâihi ve rusulihi ve cemî'i halkihi 'alâ Muhammedin ve 'alâ âli Muhammed 'aleyhi ve 'aleyhimus-selâm ve rahmetullâhi teâlâ ve berakâtuh.

Allahü Teâlâ'nın, Meleklerin, Peygamberlerin, Resûllerin ve tüm yaratılanların selâmları, hürmetleri, yüceltmeleri, güzellikleri, Efendimiz Muhammed'in ve onun Ailesinin ve Sahabelerinin üzerine olsun.

3) Rüyada Rabbini Görmek İçin

(1,000 defa cuma günü okunur)

"Kunûz el-Esrâr" adlı eserde belirtildiği üzere kim bu salavatı cuma günü 1,000 defa okursa Allahü Teâlâ'yı ﷻ rüyasında görür! Rabbimizi rüyada görmek gâyet mümkündür; çünkü Peygamber Efendimiz ﷺ bir Hadîs-i Şerifinde, "Rabbimin bana gülümseyerek geldiğini gördüm" buyurmuşlardır. Bu salavatı cuma günü 1,000 defa okursan inşallah Allahü Teâlâ'nın Tecellisini, Peygamberini veya cennetteki yerini görürsün. Herhangi bir sebepten dolayı görememiş isen beş hafta okumaya devam et; denenmiş ve gerçekten görmüşler!

اللهم صل على محمد النبي الأمي جَزَى اللهُ عَنَّا مُحَمَّدٌ مَا هُوَ أَهْلُهُ

Allâhumme salli 'alâ Muhammedin nebiyyil ummiyy, cezallâhu 'annâ Muhammeden mâ huve ehluh.

Ey Allah'ım! Ümmi Peygamber Hazreti Muhammed'e, salât ihsan eyle ve onu lâyık olduğu bir mükâfatla en yüksek dereceye erdir.

Belirli Faydalar İçin Okunacak Salavatlar

1. Peygamber Efendimizi Rüyada Görmek İçin
2. Efendimizi Rüyada Görmek ve Sayısız İkramlara Ulaşmak İçin
3. Bütün Hastalıklara Şifa Olan Salavat
4. Sorgusuz Sualsiz Cennete Girmek İçin (İmam Şâfi'nin Salavatı)

1) Peygamber Efendimizi ﷺ Rüyada Görmek İçin
(71 defa)

Peygamber Efendimizi ﷺ rüyada görmek istersen bu salavatı 71 defa oku; onu ﷺ hem görür hem de onun gül kokusunu duyarsın!

اللَّهُمَّ صَلِّ عَلَيمُحَمَّدٍوَعَلَى آلِ مُحَمَّدٍ كَمَا أَمَرْتَنَا أَنْ نُصَلِّيَ عَلَيه

Allâhumma salli `alâ Muhammedin ve `alâ âli Muhammedin kemâ emertenâ en nusalliye `aleyh.

Ey Allah'ım! Efendimiz Muhammad'e ve onun Ailesine okumamızı emrettiğin salât gibi salât ihsan eyle.

2) Efendimizi ﷺ Rüyada Görmek ve Sayısız İkramlara Ulaşmak İçin (Gece uyuyana kadar okunur)

İmam Şârâni'nin ق rivayet ettiğine göre Peygamber Efendimiz ﷺ şöyle buyurmuşlardır: "Rüyasında beni gören, gerçekten beni görmüştür; çünkü şeytan hiçbir şekilde benim sûretime giremez! Kim bana bu şekilde salavat getirirse, beni rüyasında görür; kim beni rüyasında görürse, kıyamet gününde de görür; kim beni kıyamet gününde görürse, ona şefâat ederim; kime şefâat edersem, ona Havz-ı Kevser'imden içmek nasip olur ve kim Kevser suyumdan içerse, ona cehennem haram olur!" Buna binâen İmam Şârâni ق buyurdular: "Bende kendi kendime 'Mutlaka bu salavatı okumalıyım!' dedim ve gece yatmadan önce okudum ve uyuyana kadar da okumaya devam ettim. Ay'a baktım ve orada Peygamber Efendimizin ﷺ mübarek yüzünü gördüm ve onunla konuştum. Daha sonra Efendimizin ﷺ ay'ın içerisinde olduğunu hissettim, ta ki görüntüsü yavaş yavaş kaybolana kadar. Bu salavatın hürmetine Allahü Teâla'nın ﷻ mü'minler için vaad ettiği Seyyidina Muhammed'e ﷺ bahşedilen bütün güzelliklerin ve ikramların bana da verilmesi için duâ ettim ve anında verildiğini hissettim!" ("*Afdal es-Salavât,*" sayfa 58)

Ay'a bak ve gözlerini kapat; Allah'ın izniyle İmam Şârâni'nin bizlere bildirdiği üzere Peygamber Efendimizin ﷺ mübarek yüzünün orada belirdiğini hissedeceksin. Bu salavatı okursan Allah'ın izniyle Sevgili Peygamberimizi ﷺ görürsün.

اَللّٰهُمَّ صَلِّ عَلٰى رُوحِ سَيِّدِنَا مُحَمَّدٍ فِى الْاَرْوَاحِ وَعَلٰى جَسَدِهِ فِى الْاَجْسَادِ وَعَلٰى قَبْرِهِ فِى الْقُبُوْرِ وَعَلٰى اٰلِهِ وَصَحْبِهِ وَسَلِّمْ

Allâhumme salli `alâ rûhi Seyyidinâ Muhammedin fil-ervâhi ve `alâ cesedihi fil-ecsâdi ve `alâ ḳabrihi fil-ḳubûri ve `alâ âlihi ve sahbihi ve sellim.

Ey Allah'ım! Efendimiz Muhammad'in ruhlar arasındaki Ruhuna, cesetler arasındaki Cesedine, kabirler arasındaki Kabrine, Ailesine ve Sahabelerine salât ve selâm ihsan eyle. (Delâilü 'l-Hayrat)

3) Bütün Hastalıklara Şifa Olan Salavat
(Sabah namazından sonra 3 defa)

Ruhun gıdası olan bu salavat kalplerdeki mânevi pası giderir. Bu salavat vasıtasıyla Allahü Teâlâ ﷻ bizden maddi ve mânevi bütün hastalıkları giderip yerine şifa verir; çünkü her hastalığın şifası vardır ve bu özel salavat içimizdeki toplam 800 mânevi hastalıkların şifasıdır. Bu hastalıkların bedenimizde başka başka hastalıklara yol açmasını istemiyorsak bunu çokça okumalıyız.

اللَّهُمَّ صَلِّ عَلَى سَيِّدِنَا مُحَمَّدٍ وَعَلَى آلِ سَيِّدِنَا مُحَمَّدٍ بِعَدَدِ كُلِّ دَاءٍ وَ دواءٍ وَ بَارِكْ وَ سَلِّمْ عَلَيْهِ وَعَلَيْهِمْ كَثِيرًا كَثِيرًا وَالْحَمْدُ لله رَبِّ الْعَالَمِينْ

Allâhumme salli `alâ Seyyidinâ Muhammedin ve `alâ âli Seyyidina Muhammed bi `adedi kulli dâin ve devâin ve bârik ve sellim `aleyhi ve `aleyhim keṣîran keṣîra, vel-hamdu lillâhi rabbil-`âlemîyn.

Ey Allah'ım! Seyyidina Muhammed'e ve onun Ailesine bütün hastalıklar ve şifalar adedince çokça salât ve selâm ve bereket ihsan eyle! Ve Âlemlerin Rabbi olan Allah'a hamd olsun.

4) Sorgusuz Sualsiz Cennete Girmek İçin (İmam Şâfi'nin Salavatı)

`Abdullah el-Hakem ق buyurdular: "İmam Şâfi'yi rüyamda gördüm ve ona, 'Allahü Teâlâ sana ne gibi bir muamelede bulundu?' diye sordum. O da bana, 'Üzerime rahmetini yağdırdı, günahlarımı affetti ve cenneti bana, kocası için süslenmiş yeni bir gelin gibi getirdi. Nasıl ki dünyada damat ve gelinin başından gül yaprakları atarlar, benim de üzerime göz kamaştırıcı ilâhi süsler ve melâikeler yağdırıldı!' diye cevap verdi. Sonra ona, 'Seni bu makama ulaştıran şey nedir?" diye sordum. O da bana, 'Biri bana belirli bir salavat okumamı tavsiye etti ve bende okudum." Sorgusuz sualsiz Cennete girmek istiyorsan bu salavatı okumaya özen göster.

للّٰهُمَّ صَلِّ على محمد عدد ما ذكره الذاكرون وغفل عن ذكره الغافلون

Allâhumme salli `alâ Muhammedin `adede mâ zekerahuz-zâkirûne ve ğafala `an zikrihil-ğâfilûn.

Ey Allah'ım! Seni zikredenler zikrettikleri ve Senin zikrinden gâfil olanlar bu gafletlerinde devam ettikleri sürece Muhammed Mustafa'ya selâm ihsan eyle.

www.ingramcontent.com/pod-product-compliance
Lightning Source LLC
Chambersburg PA
CBHW060507080526
44584CB00015B/1588